Kaufladen & Spielküche

Ist es nun „in" oder „out" wenn man sich dazu bekennt noch
in der Lage zu sein mit Häkel- und Stricknadel ungehen zu können?
Meiner Meinung nach sind Handarbeiten niemals "out".
Sie erleben genauso wie die Mode ein regelmäßiges Comeback
und geraten dann wieder ein wenig in Vergessenheit.
Der wirkliche Wert der von Hand gefertigten Werke ist nicht
in Geld zu bemessen. Sich Zeit zu nehmen etwas persönlich für
jemand anderen an zu fertigen ist einfach unbezahlbar!

Monika Rosendahl

Kaufladen & Spielküche

einfach tolle Häkelanleitungen
vom Schneckodil

Bibliografische Information der Deutschen Nationalbibliothek:
Die Deutsche Nationalbibliothek verzeichnet diese Publikation in der Deutschen Nationalbibliografie; detaillierte bibliografische Daten sind im Internet über http://dnb.d-nb.de abrufbar.

Anleitungen, Fotos und Layout: Monika Rosendahl

Herstellung und Verlag: BoD – Books on Demand, Norderstedt
ISBN: **978-3-7322-8547-1**

Inhaltsverzeichnis

Rechtliche Hinweise

Sämtliche in diesem Buch enthaltenen Anleitungen wurden mehrfach auf deren Richtigkeit hin überprüft. Die angegebenen Arbeitsmaterialien sind Vorschläge der Autorin und nicht bindend. Unterschiedliche Arbeitsweisen wie etwa festeres oder lockeres Arbeiten sowie die Stärke des Stopfens können zu Abweichungen der Optik und Größe führen. Die Vervielfältigung oder Veröffentlichung der hier folgenden Anleitungen, Bilder oder Teile daraus, insbesondere im Internet, sind ebenso untersagt wie ein gewerbliches Nacharbeiten der gezeigten Modelle ohne vorherige schriftliche Genehmigung. Bei Verwendung im Unterricht ist auf dieses Werk hin zu weisen.

Allgemeines zu den Anleitungen

Alle hier nieder geschriebene Anleitungen wurden von mir selbst entworfen und zeigen meinen persönlichen Geschmack. Sicherlich gibt es zahlreiche Arten ein und denselben Gegenstand nach zu arbeiten, was letztendlich wiederum Geschmackssache ist.

Über diese Sammlung

Die Spielküche und der Kaufladen gehören zur Kindheit einfach dazu. Sei es zu Hause, bei den Großeltern, bei Freunden oder im Kindergarten. Aber auch die wollen bestückt sein. Natürlich gibt es heute für schmales Geld große „Sets" zu erwerben. Aus Pappe oder Plastik, aber auch genäht aus leider oft viel zu billigen Stoffen. Holzvarianten bieten ebenfalls eine sehr schöne, jedoch kostspielige Möglichkeit der Ausstattung. So hat jedes Material seine Vorzüge oder auch Nachteile.

In diesem Buch finden sich zahlreiche gehäkelte Modelle, die einfach nach zu arbeiten sind und in Farbe und Material beliebig variiert werden können – und natürlich voll waschbar sind. Material- und Farbvorlieben können hier berücksichtigt werden.

Die Anleitungen sind einfach und auch für Häkelanfänger bestens geeignet.

Verwendete Abkürzungen

M	=	Masche
KM	=	Kettmasche
LftM	=	Luftmasche
hStb	=	halbes Stäbchen
Stb	=	Stäbchen
RStb	=	Reliefstäbchen (Faden von hinten um das vorherige Stb/M schlingen anstatt durch die Maschenglieder oben zu stechen
dStb	=	Doppeltes Stäbchen
zun.	=	Zunahme (2x hintereinander in dieselbe Einstichstelle arbeiten)
abn.	=	Abnahme
zus.	=	2 Maschen zusammen abmaschen (Abnahme)

Fadenring / Magic Ring – so geht's:

Bild 1   Faden zum doppelten Kreis legen
Bild 2   mit der Häkelnadel durch den Fadenkreis stechen
Bild 3   den Faden holen und durch die Schlinge ziehen
Bild 4   erneut durchstechen, Faden holen und 1M arbeiten = 1. fM

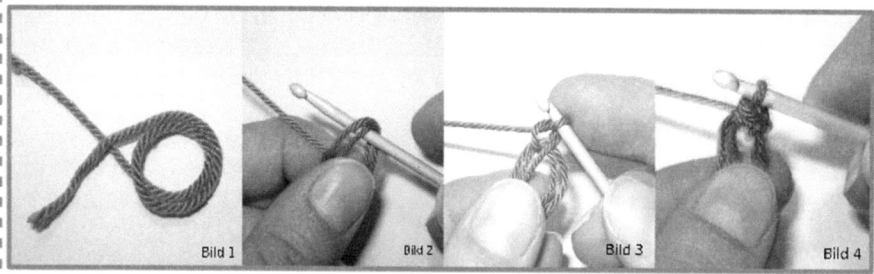

Hinweise zu Runden und Reihen

In Runden wird spiralförmig gearbeitet. Das bedeutet, dass fortlaufend weiter gehäkelt wird ohne die Runden zu schließen. Es empfiehlt sich, vor allen Dingen für Anfänger, die erste oder letzte Masche jeder Runde mit einem Faden zu markieren um nicht durcheinander zu kommen.

Wird in Reihen gearbeitet so ist, sofern nicht anders angegeben, am Ende jeder Reihe 1 Luftmasche zum Wenden zu häkeln. Diese wird
NICHT extra angegeben.

Der perfekte Farbwechsel

Damit beim Farbwechsel keine unerwünschten Schlingen der Vorgängerfarbe zu sehen sind, die dann unschöne „Treppchen" im Gehäkelten entstehen lassen, sollte das letzte Durchziehen des Arbeitsfadens der letzten Masche der ersten Farbe mit der neuen Farbe ausgeführt werden. So endet die letzte und die erste Masche in der Folgefarbe perfekt.

Hinweise zum Material & Größen

Baumwolle ist das natürlichste Material für Kinderspielzeug. Die etwas günstigere Variante ist Polyacryl. Welche Marke oder welches Garn letztendlich verwendet wird ist also eine Preis- und Geschmackssache. Es empfiehlt sich auf alle Fälle der Einsatz von waschbarer Füllwatte, welche auch für Allergiker geeignet ist. Die Nadelstärke ist dem gewählten Material an zu passen. Wer eher dazu neigt sehr fest zu arbeiten, sollte evtl. eine halbe bis ganze Nadelstärke stärker wählen, wer locker arbeitet eine kleinere Nadelstärke bevorzugen. Auf ein dichtes nicht zu lockeres Maschenbild achten, damit die Füllwatte sich nicht durchdrückt. Die Größenangaben sind ca.-Maße und können je nach Materialwahl und Nadelstärke variieren.

Die Modelle wurden alle erprobt mit

Catania (100% Baumwolle) und
Bravo (100% Polyacryl) aus dem Hause Schachenmayr

Diese Garne sowie zahlreiche Alternativen namhafter Firmen sind im regulären Fach-
handel problemlos erhältlich.

Herstellernachweis

Coats GmbH
Kaiserstraße 1
D-79341 Kenzingen

www.schachenmayr.com

Über mich

Bereits mit 5 Jahren begannen mich Handarbeiten zu faszinieren. Traditionell erlernte
ich den ersten Umgang mit Faden und Nadel sowie Wolle und Häkel-/Stricknadeln
von meiner geliebten Großmutter Maria und meiner ebenso handarbeitsfaszinierten
Mutter Rose. Für die eigenen Kinder fing ich an erfinderisch zu werden und so
entstanden zahlreiche Kreationen und Spielzeuge die es sonst nirgends für Geld zu
erwerben gab. Dinge von Hand selbst her zu stellen, sich Zeit zu nehmen etwas
Besonderes zu schaffen, für diejenigen, die einem am Herzen liegen. Das ist mir sehr
wichtig.

In diesem Sinne wünsche ich viel Freude mit den nachfolgenden Anleitungen und
viele glücklich leuchtende Kinderaugen

Beispielbilder

Apfel

ca. 6,5cm, Farben:
Grün, Rot oder Hellgelb, Natur fürs Fruchtfleisch
evtl. Rest Dunkelbraun

In einem Fadenring

1. Runde:	7fM
2. Runde:	in jede M 2 fM (14M)
3. Runde:	in jede 2. M 2 fM (21M)
4. Runde:	in jede 3. M 2 fM (28M)
5. Runde:	in jede 4. M 2 fM (35M)
6. Runde:	35 fM
7. Runde:	in jede 5. M 2fM (42M)
8. 15. Runde:	42 fM
16. Runde:	jede 6. + 7. M zus. (36M)
17. Runde:	jede 5. + 6. M zus. (30M)
18. Runde:	jede 4. + 5. M zus. (24M)
19. Runde:	jede 3. + 4. M zus. (18M)
20. Runde:	jede 2. + 3. M zus. (12M)
21. Runde:	6x 2 zus. (6M)

Stiel:
Für den Stiel 8 Luftmaschen anschlagen und ab der 2. Luftmasche KM häkeln. Faden ab und durch die 6 äußeren Maschenglieder ziehen. Vor dem Vernähen den Stiel arbeiten, in die Öffnung stecken und mit annähen.

Apfelschnitze

Länge ca. 6cm, Farben: - wie beim Apfel – zusätzlich Natur oder Hellgelb fürs Fruchtfleisch

4 Luftmaschen anschlagen und ab der 2. LftM wie folgt in Runden häkeln:

1. Runde:	3fM, 1LftM an der Endseite, 3fM, aus den Querfäden der Unterseite, 1LftM am Ende (8M)
2. Runde:	3fM, 3M in die LftM, 3fM, 3M in die LftM (12M)
3. Runde:	1fM, 2M in 1, 2fM, zun., 2fM, zun., 2fM, zun., 1fM (16M)
4. Runde:	zun., 2fM, zun., 1fM, 2x: zun., 1fM, zun., 2fM, zun., 1fM, 2x: zun., 1fM (24M)
5. Runde:	2fM, zun., 1fM, zun., 1fM, zun., 1fM, zun., 2fM, zun., 2fM, zun., 1M, zun., 1fM, zun., 1fM, zun., 2fM, zun. (34M)
6. Runde:	34fM

Apfelschale:

2 LftM anschlagen und in Reihen wie folgt arbeiten:

1. Reihe:	in die 2. LftM 1fM
2. Reihe:	zun. (2M)
3. Reihe:	2fM
4. Reihe:	zun., 1fM (3M)
5. Reihe:	zun., 2fM (4M)
6. - 12. Reihe:	4fM
13. Reihe:	abn., 2fM (3M)
14. Reihe:	abn., 1fM (2M)
15. Reihe:	2fM
16. Reihe:	abn. (1M)
17. Reihe:	1 Runde mit fM umhäkeln. Dafür aus den Seitenkanten je 15fM häkeln, an den spitzen Enden je 2x in eine Einstichstelle häkeln = 15fM, 2fM, 15fM 2fM (34M).

Für schmalere Schnitze Reihe 1 – 4 häkeln und dann 10 Reihen 3fM. Mit Reihen 15 – 17 enden. Den Apfelschnitz zur Hälfte falten, die Schale mit kleinen Stichen durch die Querfäden der fM des Schnitzes annähen. Ist die Schale zu 3/4 angenäht wird der Schnitz gestopft und vollends verschlossen. Mit Braun und kleinen Stichen Apfelkerne aufsticken.

Banane

Fast alle Kinder lieben Bananen. Hier kommen Anleitungen für Bananen mit Schale oder bereits halb geschält.

Länge ca. 13cm, Farben:
Gelb, Rest Braun – für Banane
Gelb, Rest Braun und Natur/Hellgelb – für geschälte Banane

In einen Fadenring

1. Runde:	6fM
2. Runde:	in jede M 2fM (12M)
3. Runde:	in jede 2. M 2fM (18M)
4. - 9. Runde:	18fM
10. Runde:	5KM, 13fM
11. Runde:	18fM (wo vorher die KM waren tief einstechen, in die Einstichstellen der Vorrunde)
12. Runde:	5KM, 13fM
13. - 14. Runde:	18fM
15. Runde:	5KM, 13fM
16. Runde:	18fM
17. Runde:	5KM, 13fM
18. Runde:	18fM
19. Runde:	2fM, 5KM, 11fM
20. Runde:	18fM
21. Runde:	2fM, 5KM, 11fM
22. - 31. Runde:	18fM
32. Runde:	jede 5. + 6. M zus. (15M)
33. Runde:	jede 2. + 3. M zus. (10M)
34. Runde:	die 1. +2. sowie 5. + 6. M zus. (8M)
35.-36. Runde:	8fM (Stielansatz)
37. Runde:	8fM in dunkelbraun
38. Runde:	immer 2M zus. (4M)

Faden abschneiden und durch die äußeren 4 Maschenfäden ziehen und vernähen.

Für den Fruchtansatz der Banane in einen Fadenring in braun 6fM häkeln, mit 1KM zum Ring schließen. Faden ab und mit dem Endfaden an das untere Ende der Banane nähen.

Für eine zum Teil geschälte Banane:

Runden 1 – 18 der geschlossenen Banane häkeln. Dann weiter in
Hellgelb/Natur

18. Runde:	18fM – bei der letzten M Farbwechsel in Natur
19. Runde:	1M, 5KM, 12fM – dabei nur in die hinteren Maschenfäden einstechen. Die vorderen bleiben frei um später die Bananen-schalen anhäkeln zu können.
20. Runde:	18fM
21. Runde:	1fM, 5KM, 11fM
22. - 31. Runde:	18fM
32. Runde:	jede 5. + 6. M zus. (15M)
33. Runde:	jede 2. + 3. M zus. (10M)
34. Runde:	die 1. +2. sowie 5. + 6. M zus. (8M)
35. Runde:	immer 2M zus. (4M)

Bananenschalenteile

für die 3teilige Bananenschale 3x wie folgt häkeln:

an die Runde 19 – dem Übergang der gelben Schale zur Frucht – in die halben gelben Maschenteile

1. Runde:	2fM, 2x 2M in 1, 2fM (8M)
2. - 4. Runde:	8fM
5. Runde:	1. + 2. M zus. 6fM (7M)
6. Runde:	1. + 2. M zus. 5fM (6M)
7. - 10. Runde:	6fM
11. Runde:	1. + 2. M zus. (5M)
12. Runde:	5fM
13. Runde:	1. + 2. M zus. (4M)
14. Runde:	4fM
15. Runde:	1fM, 2. + 3. M zus., 1fM (3M)
16. Runde:	3M zus.

Die Anfangs- und Endfäden vernähen. Den Endfaden des 3. Schalenteils nicht abschneiden. Sind alle 3 Schalenteile angehäkelt mit dem letzten Endfaden mit fM eine
Runde um alle Schalenteile häkeln. Pro Reihe 1fM häkeln. An den Spitzen 3fM in
eine häkeln. Das sind ca. 16M pro Seite und 3 pro Spitze (35M pro Schalenteil ges.).
Als Abschluss 2KM arbeiten. Jetzt das Fadenende vernähen.

Birne

ca. 6,5cm, Farbe:
Gelb oder Grün, Rest Braun

In einem Fadenring in Fruchtfarbe

1. Runde:	6fM
2. Runde:	6x in jede M 2fM (12M)
3. Runde:	6x in jede 2. M 2fM (18M)
4. Runde:	6x in jede 3. M 2fM (24M)
5. Runde:	6x in jede 4. M 2fM (30M)
6. - 9. Runde:	30 fM
10. Runde:	6x jede 4. + 5. M zus. (24M)
11. Runde:	6x jede 3. + 4. M zus. (18M)
12. Runde:	6x jede 2. + 3. M zus. (12M)
13. - 16. Runde:	12 fM
17. Runde:	5. +6. und 11. + 12. M zus. (10M)
	jetzt stopfen
18. Runde:	5x 2M zus. (5M)

Faden ab und noch gut 10cm dran lassen – vor dem Vernähen Stiel arbeiten.

Stiel:

In Braun 9 Luftmaschen anschlagen. Ab der 2.M 8KM arbeiten.

Den Stielansatz in die Öffnung der Birne schieben (Fäden ins Innere der Birne) und mit dem Fadenende der Birne durch die äußeren Maschenglieder (5) fädeln und eng um den Stiel ziehen. Durch den Stiel einige Male beim Vernähen durchstechen und das vernähte Fadenende ins Innere der Birne ziehen.

Butterkeks

Länge ca. 5,5cm, Farbe:
Beige

9 Luftmaschen als Kette anschlagen und ab der 2. Luftmasche 8 fM arbeiten.

Ab jetzt wird in Reihen gearbeitet. Nach 12 Reihen fM werden die Seitenkante, Unterkante und zweite Seitenkante mit fM umhäkelt (pro Reihe 1fM) und als Abschlussrunde Mini-Picots ringsherum gearbeitet. Da diese sehr fein sein sollten lediglich 2 Luftmaschen pro Picot arbeiten und 1KM in die 1. Luftmasche arbeiten. Dann in die nächste Masche einstechen und die Runde komplett behäkeln. Fadenenden vernähen.

Mini-Picot:
2 LftM häkeln, 1KM in die 1. LftM arbeiten

Standard-Picot:
3 LftM häkeln, 1fM in die 1. LftM arbeiten

Champignon

ca. 5cm, Farben:
Hellbraun oder Weiß – je nach „Sorte", Rest Schwarz

Champignon-Stiel

In einem Fadenring

1. Runde:	5fM
2. Runde:	in jede M 2fm (10M)
3. - 10. Runde:	10fM
11. Runde:	in jede M 2fM (20M), bei der letzten Masche Farbwechsel zu Schwarz (siehe Seite 9)
12. Runde:	in jede 4. M 2fM (25M)

Faden ab und vernähen, den Stiel stopfen

Champignon-Kopf

in einen Fadenring

1. Runde:	5fM
2. Runde:	in jede M 2fM (10fM)
3. Runde:	1in jede 2. M 2fM (15M)
4. Runde:	15fM
5. Runde:	in jede 3. M 2fM (20M)
6. Runde:	in jede 4. M 2fM (25M)
7. Runde:	Das Köpfchen auf den Stiel setzen und Masche für Masche zusammenhäkeln. Nach ca. 18M das Köpfchen leicht wattieren. Es soll recht flach bleiben.
8. Runde:	25fM, mit 2KM enden

Faden ab und vernähen.

Ei

ca. 6cm, Farbe:
Weiß oder Hellbraun

In einen Fadenring

1. Runde:	6fM häkeln
2. Runde:	in jede M 2 fM arbeiten (12 M)
3. Runde:	in jede 2. M 2 fM arbeiten (18M)
4. Runde:	in jede 3. M 2 fM arbeiten (24M)
5. Runde:	in jede 4. M 2 fM arbeiten (30M)
6. - 10. Runde:	30 fM
11. Runde:	3x jede 9. und 10. M zus. (27M)
12. + 13. Runde:	27 fM
14. Runde:	3 fM, die 4. und 5. M zus., noch 2x jede 8. und 9. M zus., 4 fM (24M)
15. Runde:	24 fM
16. Runde:	4x jede 5. + 6. M zus. (20M)
17. Runde:	5x jede 3. + 4. M zus. (15M), das Ei stopfen
18. Runde:	5x jede 2. + 3. M zus. (10M), nachstopfen
19. Runde:	5x 2M zus. (5M)

Faden ab, durch die 5 äußeren Maschenhälften ziehen und vernähen.

Erdbeere

ca. 4cm, Farbe:
Rot, Grün, evtl. Reste in Schwarz/Gelb

In einen Fadenring

1. Runde:	4fM häkeln
2. Runde:	in jede M 2fM häkeln (8M)
3. Runde.	in jede 2. M 2fM häkeln (12M)
4. Runde:	12fM
5. Runde: i	n jede 2. M 2fM häkeln (18M)
6. - 10. Runde:	18fM
11. Runde:	9x: 2fM zus. (9M) – Erdbeere stopfen -
12. Runde:	3x: 1fM, 2 zus. (6M)

Faden ab und durch die äußeren Fäden der letzten 6M ziehen. Fadenende vernähen und ins Innere der Frucht ziehen.

Blätter:

Für das Grün werden 7 Blättchen gehäkelt. Das Grün wird am Stück gehäkelt, die Blätter in Luftmaschenketten die behäkelt immer wieder zurück zur Anfangsrunde führen. Dazu in einem Fadenring

1. Runde:	5fM häkeln (Anfangsrunde)
2. Runde:	Blatt 1: 1KM in die 1. M, 4 LftM, in die 2. LftM 1KM, dann 1fM, 1 hStb
	Blatt 2: 1KM in die 2. M, 5 LftM, in die 2. LftM 1KM, dann 1KM, 1fM, 1hStb
	Blatt 3: 1KM in die 2. M, 4 LftM, in die 2. LftM 1KM, dann 1fM, 1hStb
	Blatt 4: 1KM in die 3. M, 5 LftM, in die 2. LftM 1KM, dann 1KM, 1fM, 1hStb
	Blatt 5: 1KM in die 4. M, 4 LftM, in die 2. LftM 1KM, dann 1fM, 1hStb

Blatt 6: 1KM in die 4. M, 5 LftM, in die 2. LftM 1KM,
dann 1KM, 1fM, 1hStb
Blatt 7: 1KM in die 5. M, 4 LftM, in die 2. LftM 1KM,
dann 1fM, 1hStb
mit 1KM in die 5. M enden

Den Fadenring nochmals schön eng ziehen, das Grün auf der Erdbeere positionieren und mittig annähen.

Wer mag kann jetzt noch mit einem halbierten Faden in Schwarz oder Gelb kleine Stiche auf die Erdbeere sticken. So können die feinen Haare der Frucht imitiert werden.

Erdnuss

ca. 4cm, Farbe:
Hellbraun

In einen Fadenring

1. Runde:	5fM
2. Runde:	in jede M 2fM (10M)
3. - 5. Runde:	10fM
	Nusshälfte stopfen
6. Runde:	5x 2M zus. (5M)
7. Runde:	5fM
8. Runde:	in jede M 2fM (10M)
9. - 11. Runde:	10fM
	2. Nusshälfte und den schmalen Übergang in Runde 7 auch leicht mit Füllwatte versehen
12. Runde:	5x 2M zus. (5M)

Faden ab und durch die 5 äußeren Maschenfäden ziehen, vernähen.

Eistüte

ca. 14cm, Farbe:
Beige/Hellbraun, Wunschfarbe für Eiscreme

Eiswaffel

In einen Fadenring

1. Runde:	4fM
2. Runde:	2x in jede 2. M 2fM (6M)
3. Runde:	6fM
4. Runde:	3x in jede 2. M 2fM (9M)
5. + 6. Runde:	9fM
7. Runde:	3x in jede 3. M 2fM (12M)
8. Runde:	12fM
9. Runde:	3x in jede 4. M 2fM (15M)
10. Runde:	15fM
11. Runde:	3x in jede 5. M 2fM (18M)
12. Runde:	18fM
13. Runde:	3x in jede 6. M 2fM (21M)
14. - 15. Runde:	21fM
16. Runde:	3x in jede 7. M 2fM (24M)
17. + 18. Runde:	24fM
19. Runde:	3x in jede 8. M 2fM (27M)
20. - 22. Runde:	27M
23. Runde:	3x in jede 9. M 2fM (30M)
24. - 26. Runde:	30fM

Faden ab und innen vernähen.

Eiscreme:

In Wunschfarbe in einem Fadenring:

1.Runde:	5fM
2. Runde:	in jede M 2fM (10M)
3. Runde:	in jede 2. M 2fM (15M)
4. Runde:	in jede 3. M 2fM (20M)
5. Runde:	in jede 4. M 2fM (25M)
6. Runde:	in jede 5. M 2fM (30M)
7. - 12. Runde:	30fM

Nun die Waffel von unten mit Füllwatte stopfen. Die Eiscreme auf den Waffelrand setzen und in Eisfarbe Masche für Masche miteinander zusammenhäkeln (fM). Nach 30fM mit 1KM enden. Den Endfaden etwas länger lassen, die entstandene Häkelkante nach unten zur Waffel klappen und mit kleinen Steppstichen ringsherum fest nähen. Das ergibt einen leicht gewellten Rand. Eine Eistüte zum Anbeißen!

Noch mehr Eisspaß....

Für wechselnde Eissorten einen Zwischenboden für die Waffel häkeln.

Dafür in einen Fadenring:

1. Runde:	5fM
2. Runde:	in jede M 2fM (10M)
3. Runde:	in jede 2. M 2fM (15M)
4. Runde:	in jede 3. M 2fM (20M)
5. Runde:	in jede 4. M 2fM (25M)
6. Runde:	in die 1. + 13. M 2fM (27M) häkeln

Den Zwischenboden auf Höhe der ca. 20./21. Runde der Eiswaffel legen, darunter wattieren und fest nähen.

Eiskugeln:

Für die Eiskugeln die Eiscreme-Anleitung von Runde 1 – 9 arbeiten und
dann wie folgt Abnahmerunden häkeln:

10. Runde:	jede 5. + 6. M zus. (25M)
11. Runde:	jede 4. + 5. M zus. (20M)
12. Runde:	jede 3. + 4. M zus. (15M), stopfen
13. Runde:	jede 2. + 3. M zus. (10M), stopfen
14. Runde:	5x 2M zus. (5M)

Faden ab, durch die äußeren 5 Maschenfäden ziehen und vernähen. Auf diese Weise
mehrere Eisfarben häkeln. Soll es eine große Eistüte werden evtl. Eiskugeln mit Klett-
band bestücken (annähen).

So kann eine ganz individuelle Eistüte zusammengesetzt werden.

Karotten

Hier kommen gleich drei verschiedene Größen für Karotten. So ist für jeden die richtige Größe dabei – ob für den Kuschelhasen, das Osternest oder den Kaufladen...

Farbe:
Orange, Grün

Große Karotte - ca. 14cm

In einen Fadenring

1. Runde:	4fM
2. Runde:	in jede 2. M 2fM (6M)
3. Runde:	6fM
4. Runde:	in jede 2. M 2fM (9M)
5. + 6. Runde:	9fM
7. Runde:	in jede 3. M 2fM (12M)
8. - 10. Runde:	12fM
11. Runde:	in jede 4. M 2fM (15M)
12. - 17. Runde:	15fM
18. Runde:	in jede 5. M 2fM (18M)
19. - 22. Runde:	18fM
23. Runde:	in jede 6. M 2fM (21M)
24. - 27. Runde:	21fM
28. Runde:	in jede 7. M 2fM (24M)
29. - 32. Runde:	24fM
33. Runde:	jede 3. + 4. M zus. (18M)
34. Runde:	18fM
35. Runde:	jede 2. + 3. M zus. (12M)
36. Runde:	6x 2M zus. (6M)

Faden ab und durch die äußeren Maschenfäden ziehen und vernähen.

Karotten-grün:

In einem Fadenring

1. Runde:	6fM
2. Runde:	6x: 1KM, 7LftM, ab der 2. LftM 6KM zurück Richtung Faden-ring häkeln, in die nächste Masche wieder 1KM....

Den Ring auf das die Mitte der dicken Karottenoberseite nähen. Das Grün nach oben aufrichten, dann 1x reihum durch alle 6 unteren Maschen der 6 grünen Stängel ste-chen um diese nach oben zu fixieren und das Fadenende vernähen.

Mittlere Karotte - ca. 11cm

In einen Fadenring

1. Runde:	4fM
2. Runde:	in jede 2. M 2fM (6M)
3. Runde:	6fM
4. Runde:	in jede 2. M 2fM (9M)
5. + 6. Runde:	9fM
7. Runde:	in jede 3. M 2fM (12M)
8. - 10. Runde:	12fM
11. Runde:	in jede 4. M 2fM (15M)
12. - 17. Runde:	15fM
18. Runde:	in jede 5. M 2fM (18M)
19. - 22. Runde:	18fM
23. Runde:	in jede 6. M 2fM (21M)
24. - 27. Runde:	21fM
28. Runde:	jede 2. + 3. M zus. (14M)
29. Runde:	14fM
30. Runde:	7x 2M zus. (7M)

Faden ab und durch die äußeren Maschenfäden ziehen und vernähen. Das Karotten-grün wie bei der großen Karotte arbeiten.

Kleine Karotte - ca. 7,5cm

In einem Fadenring

1. Runde:	4fM
2. Runde:	in jede 2. M 2fM (6M)
3. Runde:	6fM
4. Runde:	in jede 2. M 2fM (9M)
5. + 6. Runde:	9fM
7. Runde:	in jede 3. M 2fM (12M)
8. - 10. Runde:	12fM
11. Runde:	in jede 4. M 2fM (15M)
12. - 17. Runde:	15fM
18. Runde:	jede 2. + 3. M zus. (10M)
19. Runde:	10fM
20. Runde:	5x 2M zus. (5M)

Faden ab, durch die äußeren Maschenfäden ziehen und vernähen. Karotten-grün wie bei der großen Karotte arbeiten, allerdings in der 2. Runde keine 7 LftM, sondern nur 6 LftM pro Stängel arbeiten (5 KM zurück zum Ring).

Kiwi

Da eine ganze Kiwi einfach "nur" braun ist und einem Ei zu sehr ähneln würde habe ich mich für eine durchgeschnittene, halbe Kiwi entschieden. Die Anleitung für eine ganze Kiwi findet ihr umseitig.

halbe ca. 4cm, Farben:
Rest Natur, Grün, Rest Schwarz, Hellbraun

Fruchtscheibe:

In einen Fadenring

1. Runde:	5fM in Natur
2. Runde:	in jede M 2fM häkeln – dabei je 1M in Natur, und 1M in Grün im Wechsel arbeiten (siehe "perfekter Farbwechsel", S. 9) (10M)
3. Runde:	weiter in Grün in jede 2. M 2fM häkeln (15M)
4. Runde:	in jede 3. M 2fM häkeln (20M)
5. Runde:	in jede 4. M 2fM häkeln (25M)

Faden ab und vernähen. Mit einem Rest Schwarz kleine Kerne aufsticken.

Fruchthälfte:

In Hellbraun in einem Fadenring

1. Runde:	5fM
2. Runde:	in jede M 2fM (10M)
3. Runde:	in jede 2. M 2fM (15M)
4. Runde:	15fM
5. Runde:	in jede 3. M 2fM (20M)
6. Runde:	in jede 4.M 2fM (25M)
7. - 11. Runde:	25fM

Faden nicht zu kurz abschneiden. Die Kiwischale stopfen und die Fruchtscheibe auflegen. So annähen, dass der braune Faden im Grün nicht zu sehen ist. Fadenende vernähen.

Ganze Kiwi

ca. 6,5cm, Farbe: Hellbraun – am besten ein Garn mit „Flauschstruktur" wählen

In einem Fadenring

1. Runde:	5fM
2. Runde:	in jede M 2fM (10M)
3. Runde:	in jede 2. M 2fM (15M)
4. Runde:	15fM
5. Runde:	in jede 3. M 2fM (20M)
6. Runde:	in jede 4.M 2fM (25M)
7. - 14. Runde:	25fM
15. Runde:	jede 4. + 5. M zus. (20M)
16. Runde:	jede 3. + 4. M zus. (15M)
17. Runde:	15fM
18. Runde:	jede 2. + 3. M zus. (10M)
19. Runde:	immer 2M zus. (5M)

Faden ab und durch die äußeren Fäden der letzten 5M ziehen, dann vernähen.

Lauch

ca. 16cm, Farbe:
Weiß, Grün

In Weiß in einem Fadenring 8fM anschlagen

1. Runde:	in jede M 2 fM arbeiten (16M)
2. Runde:	4x in jede 4. Masche 2fM arbeiten (20M)
3. Runde:	20fM in das hintere Maschenglied einstechen
4. - 8. Runde:	20fM – bei der letzten M Farbwechsel zu grün
9. - 22. Runde:	20fM
23. Runde:	20fM in das hintere Maschenglied einstechen
24. Runde:	4x jede 4. + 5. M zusammen häkeln (16M)
25. Runde:	6x 2M zus. (8M)

Faden ab, durch die äußeren 8 Maschenfäden ziehen und vernähen. Nun wird in Runde 23 in den halben Maschengliedern weiter gearbeitet.

24. Runde:	20fM in die halben Maschenglieder arbeiten.
25. Runde:	20fM
26. Runde:	20fM in das hintere Maschenglied arbeiten
27. Runde:	20fM

Ab der 28. Runde werden die Lauchblätter gearbeitet.

Dafür nun über die ersten 10M jeweils fM arbeiten. In Hin- und Rückreihen 17 Reihen arbeiten. In der 18. Reihe die erste 2 und letzten 2M zusammen häkeln (8M). Über die zweiten 10M der Runde 27 nochmals ein Blatt arbeiten.

Nun folgen nochmals 2 Blätter welche auf die selbe Art und Weise gearbeitet werden. Diese Blätter um 5 Maschen versetzt zu den bereits gehäkelten, innen liegenden Blätter, In Runde 26 ansetzen.

Für die Wurzelenden einige Fäden in Weiß in Runde 1 und 2 einknüpfen und die Fadenenden aufzwirbeln.

Wie viel Runden ihr am Anfang in Weiß arbeitet könnt ihr selbst entscheiden - einfach früher oder später mit dem Farbwechsel zu Grün beginnen!

Mandarine

Höhe ca.3,5cm, Farbe:
Orange, Rest Grün

In einen Fadenring

1. Runde:	6fM
2. Runde:	in jede M 2fM (12M)
3. Runde:	in jede 2. M 2fM (18M)
4. Runde:	18fM
5. Runde:	in jede 3. M 2fM (24M)
6. Runde:	in jede 4. M 2fM (30M)
7. - 10. Runde:	30fM
11. Runde:	jede 4. + 5. M zus. (24M)
12. Runde:	jede 3. + 4. M zus. (18M) – jetzt stopfen -
13. Runde:	jede 2. + 3. M zus. (12M)
14. Runde:	immer 2 M zus. (6M)

Faden ab und durch die äußeren 6 Maschenfäden ziehen. Eng ziehen und durch die Mitte der ganzen Frucht stechen. Knapp neben der Austrittsstelle der Nadel unten wieder zurückstechen. Den Faden leicht anziehen so dass eine kleine Delle entsteht. Fadenende vernähen.

Stängel & Blatt

Für den kleinen Stängel 5LftM anschlagen und ab der 2. LftM 4KM häkeln. Faden ab.

Für das Blatt 5LftM anschlagen und wie folgt häkeln:

1KM, 1fM, 1hStb, 1Stb – 2LftM und 1KM in die Einstichstelle des Stb, 2 LftM – auf der Unterseite der Anschlagkante wieder in Richtung Blattspitze: 1Stb, 1hStb, 1fM, 1KM, 1KM in die erste KM und Faden nicht zu kurz abschneiden.

Das Blatt an die 4. KM des Stängels nähen, dabei für mehr Stabilität den Anfang des Blattes (breite Seite) auch durchstechen, und an die Mandarine anbringen. Am Anfangsluftmaschenkreis (die Unterseite der Frucht) 5 kleine Stiche in Grün sternförmig in und um die Mitte sticken.

Nudeln - Spiralnudeln

Für alle Pasta-Fans kommt hier eine super einfache Nudel die ganz schnell fertig ist!

gedreht ca. 4cm, Farbe:
Gelb, Rot oder Grün

Pro Nudel 13 LftM anschlagen und nach jeder Luftmasche den Anfangsfaden 1x über den Arbeitsfaden schlingen - so entfällt das Vernähen dieses Fadens. ab der 3. Luftmasche in jede M 3fM häkeln.

Fadenende vernähen indem man ihn mit einer Nadel durch 3-4 3er Blocks fester Maschen zieht.

Pfifferling

ca. 5cm, Farbe:
Hellbraun oder dunkles Orange

In einen Fadenring

1. Runde:	4 Stb häkeln
2. - 6. Runde:	4 Reliefstäbchen häkeln
7. Runde:	in jede 2. M 2fM (6M)
8. Runde:	in jede 2. M 2fM (9M)
9. Runde:	in jede 3. M 2fM (12M)
10. Runde:	jede M verdoppeln (24M)
11. Runde:	jede M verdoppeln (48M)
	1KM

Faden ab und vernähen.

Pflaume

ca. 4,5cm, Farbe:
Lila, Rest Grün

In einen Fadenring

1. Runde:	6fM
2. Runde:	in jede M 2fM (12M)
3. Runde:	12M
4. Runde:	in jede 2. M 2fM (18M)
5. - 10. Runde:	18fM
11. Runde:	die 2. + 3. M zus. (12M)
12. Runde:	12fM
13. Runde:	6fM

Faden ab und durch die äußeren 6 Maschenfäden ziehen. Erst eng zusammenziehen wenn der Stängel fertig ist und in die Öffnung geschoben wurde.

Stängel:

Für den kleinen Stängel 4 LftM anschlagen und ab der 2. LftM 3KM häkeln. Faden abschneiden und die Enden in das Pflaumenende schieben. Dieser wird dann direkt beim Vernähen des lilafarbenen Endfadens mit angenäht. Dazu einige Male durch die untere M des Stängels und dem Pflaumenrand stechen.

Radieschen

ca. 4cm + Grünzeug, Farbe:
Weiß, Dunkelrot/Fuchsia, Grün

In einem Fadenring in Weiß

1. Runde:	4fM häkeln
2. Runde:	4fM
3. Runde:	2x in jede 2.M 2fM (6M)
4. Runde:	3x in jede 2.M 2fM (9M) Farbwechsel zu Rot
	(siehe "perfekter Farbwechsel", Seite 9)
5. Runde:	3x in jede 2. M 2fM (12M)
6. Runde:	6x in jede 2. M 2fM (18M)
7. - 9. Runde:	18fM
10. Runde:	6x jede 2. und 3. M zus. (12M), stopfen
11. Runde:	6x 2M zus. (6M)

Faden ab, durch die äußeren 6 Maschenfäden ziehen und vernähen. Den Anfangsfaden in weiß durch das mittlere Loch der Wurzel (Fadenring), das Endstück aufzwirbeln und auf ca. 1,5cm Länge kürzen.

Blätter:

Für die drei Blätter in einen Fadenring 1fM arbeiten dann für das 1. Blatt: 10LftM arbeiten, ab der 2. LftM wie folgt Richtung Fadenring häkeln:

1fM,1hStb, 2 Stb, 2 dStb, 2 Stb,1fM,1fM in den Fadenkreis,

2. Blatt: wie Blatt 1, 1fM in den Fadenkreis

3. Blatt: wie Blatt 1 + 2, 1fM in den Fadenkreis.

Fadenring mit Anfangsfaden eng ziehen und Dreier-Blatt auf das Ende in der Mitte des Radieschens annähen.

Salatgurke

ca. 12cm, Farbe:
Grün

In einem Fadenring

1. Runde:	6 fM
2. Runde:	in jede M 2fM (12M)
3. Runde:	12 fM
4. Runde:	in jede 2. M 2fM (18M)
5. - 28. Runde:	18fM
29. Runde:	jede 2. + 3. M zus. (12M)
30. Runde:	6x 2 M zus. (6M)

Faden abschneiden, durch die äußeren 6 Maschenglieder fädeln und zusammenziehen, Fadenende vernähen.

Sauerkirschen

ca. 2cm ohne Stiel, Farbe:
Dunkelrot/Rot, Grün, Rest Braun

In einen Luftmaschenring

1. Runde:	4fM
2. Runde:	in jede M 2fM (8M)
3. Runde:	in jede 2. M 2fM (12M)
4. Runde:	12fM
5. Runde:	die 2. + 3. M zus. (8M) – stopfen
6. Runde:	immer 2M zus. (4M)

Faden ab und durch die äußeren Maschenfäden ziehen. Noch nicht zusammenziehen! Die Stängel werden noch in die Öffnung geschoben bevor diese verschlossen wird. Eine 2. Kirsche genauso herstellen.

Stängel:

21 LftM anschlagen. Ab der 2. LftM 9KM häkeln. Dann 3 LftM überspringen und wieder 9 KM häkeln. Die 3 übersprungenen Luftmaschen bilden eine kleine Schlaufe. Diese wird mit etwas Braun senkrecht in ein paar Stichen überstickt. Die Stengelenden jeweils in die Öffnungen der Kirschen schieben und diese durch Anziehen des Fadens ein wenig fixieren. Mit den Restfäden der Kirschen einige Male durch das Stengelende und das Kirschenende stechen und so beim Vernähen den Stängel fest nähen.

Blatt:

Für das Blatt 7LftM anschlagen, dabei einen etwas längeren Anfangsfaden lassen, und ab der 2. LftM wie folgt häkeln:

1KM, 2fM, 2hStb, 1Stb – 2LftM, an Einstichstelle des Stb 1KM, dann wieder 2 LftM – dann wieder nach oben häkeln: 1Stb, 2hStb, 2fM, 1KM, 1KM in die 1. KM.

Faden abschneiden und vernähen. Mit dem Anfangsfaden der sich an der breiten Blattunterkante befindet an den Stiel nähen.

Süßkirschen

ca. 2,5cm ohne Stiel, Farbe:
Dunkelrot/Rot, Grün, Rest Braun

In einen Luftmaschenring

1. Runde:	4fM
2. Runde:	in jede M 2fM (8M)
3. Runde:	in jede 2. M 2fM (12M)
4. Runde:	in jede 3. M 2fM (16M) häkeln
5. Runde:	16fM
6. Runde:	jede 3. + 4 M zus. (12M)
7. Runde:	die 2. + 3. M zus. (8M) – stopfen
8. Runde:	immer 2M zus. (4M)

Stängel:

21 LftM anschlagen. Ab der 2. LftM 9KM häkeln. Dann 3 LftM überspringen und wieder 9 KM häkeln. Die 3 übersprungenen Luftmaschen bilden eine kleine Schlaufe. Diese wird mit etwas Braun senkrecht in ein paar Stichen überstickt. Die Stengelenden jeweils in die Öffnungen der Kirschen schieben und diese durch Anziehen des Fadens ein wenig fixieren. Mit den Restfäden der Kirschen einige Male durch das Stengelende und das Kirschenende stechen und so beim Vernähen den Stängel fest nähen.

Blatt:

Für das Blatt 7LftM anschlagen, dabei einen etwas längeren Anfangsfaden lassen, und ab der 2. LftM wie folgt häkeln:

1KM, 2fM, 2hStb, 1Stb – 2LftM, an Einstichstelle des Stb 1KM, dann wieder 2 LftM – dann wieder nach oben häkeln: 1Stb, 2hStb, 2fM, 1KM, 1KM in die 1. KM.

Faden abschneiden und vernähen. Mit dem Anfangsfaden der sich an der breiten Blattunterkante befindet an den Stiel nähen.

Spiegelei

Für kochende Kinder der Clou: ein Ei zum Aufschlagen – denn das Spiegelei ist schon fertig! Diese Anleitung ist ein wenig kniffeliger.

ca.11 x 6,5cm, Farben:
Gelb/Orange, Weiß

Untere Ei-Hälfte; in einem Fadenring

1. Runde:	6fM häkeln
2. Runde:	in jede M 2 fM arbeiten (12 M)
3. Runde:	in jede 2. M 2 fM arbeiten (18M)
4. Runde:	in jede 3. M 2 fM arbeiten (24M)
5. Runde:	in jede 4. M 2 fM arbeiten (30M)
6. - 10. Runde:	30 fM

Faden abschneiden, jedoch ca. 15cm dran lassen.

Obere Ei-Hälfte:

In Weiß 15LftM neu anschlagen und ab der 2. LftM 14fM häkeln. Das ist der Anfang für die obere Ei-Hälfte.

11. Runde:	15 M in Häkelrichtung auf dem Unterteil überspringen. Über diese entstandene Lücke das neue LftM-Band legen und auf dem Unterteil weiter häkeln: die 4. + 5. M zus., dann nochmal die letzten beiden M dieser Runde zus. (27M)
12. - 13. Runde:	27 fM
14. Runde:	3 fM, die 4. und 5. M zus., noch 2x jede 8. und 9. M zus., 4 fM (24M)
15. Runde:	24 fM
16. Runde:	4x jede 5. + 6. M zus. (20M)
17. Runde:	5x jede 3. + 4. M zus. (15M), das Ei stopfen
18. Runde:	5x jede 2. + 3. M zus.
19. Runde:	5x 2M zus. (5M)

Faden ab und durch die 5 äußeren Maschenhälften ziehen und vernähen. Der Endfaden des Unterteils und der Anfangsfaden des LftM-Bandes für die obere Hälfte jeweils durch die darunter liegende Masche des Unterteils ziehen und innen vernähen. Damit ist die Eierschale fertig.

Spiegelei

Eiweiß:

Das Spiegelei wird in Reihen gehäkelt. Für die Rundung des Spiegeleis sind zwei halbe Reihen (Zwischenreihen) erforderlich.

1. Reihe:	4LftM anschlagen
2. Reihe:	in die 1. und 3. M je 2fM häkeln (5M)
3. Reihe:	in die 1., 3. und 5. M, je 2fM häkeln (8M)
4. Reihe:	8fM
5. Reihe:	in die 1. M 2fM, dann 7fM (9M)
6. Reihe:	in die 5. M 2fM (10M)
7. Reihe:	10fM
8. Reihe:	in die 9. M 2fM (11)
9. Reihe:	in die 6. M 2fM (12)
10. - 12. Reihe:	12fM
13. Reihe:	2. + 3. M zus. (11M)

Zwischenreihen (14 + 15)
14. Reihe:	*5fM, 1KM, 1LftM z. Wenden*
15. Reihe:	*KM, 5fM, 1LftM z. Wenden*

16. Reihe:	5fM, 1fM tief (auf Höhe der links liegenden Maschen), 5fM
17. Reihe:	8. + 9. M zus. (10M)

Zwischenreihen (18 + 19)
18. Reihe:	*4fM, 1KM, 1LftM z. Wenden*
19. Reihe:	*KM, 4fM, 1LftM z. Wenden*

20. Reihe:	4fM, 1fM tief, 5fM
21. Reihe:	10fM
22. Reihe:	5. + 6. M zus. (9M)
23. Reihe:	2. + 3. sowie 7. + 8. M zus. (7M)
24. Reihe:	6. + 7. M zus. (6M)
25. Reihe:	3. + 4. zus. (5M)
26. Reihe:	2 zus. 1fM, 2 zus. (3M)
27. Reihe:	1 Runde mit fM umhäkeln. Dabei auf der Seite mit den Zwischenreihen in einige Maschen 2fach einstechen damit das Spiegelei flach liegt und sich nicht wölbt.

Fadenende unsichtbar zwischen den Maschen vernähen.

Dotter:

Für den Eidotter in einem Fadenring

1. Runde:	6fM häkeln
2. Runde:	in jede M 2fM häkeln (12M)
3. Runde:	in jede 2. M 2fM häkeln (18M)
4. Runde:	in jede 3. M 2fM häkeln (24M)
5. Runde:	24fM häkeln

Das Dotter auf dem Eiweiß positionieren, zur Hälfte aufnähen, leicht wattieren und vollends fest nähen. Beim Nähen darauf achten nicht auf die Unterseite des Eiweißes durchzustechen.

Tomate

Höhe, ca. 3,5cm, Farbe:
Tomate: Dunkelrot/Rot, Grün

In einen Fadenring

1. Runde:	6fM
2. Runde:	in jede M 2fM (12M)
3. Runde:	in jede 2. M 2fM (18M)
4. Runde:	in jede 3. M 2fM (24M)
5. Runde:	in jede 4. M 2fM (30M)
6. Runde:	in jede 5. M 2fM (36M)
7. Runde:	36fM
8. Runde:	jede 5. + 6. M zus. (30M)
9. Runde:	jede 4. + 5. M zus. (24M)
10. Runde:	jede 3. + 4. M zus. (18M)
11. Runde:	jede 2. + 3. M zus. (12M)
12. Runde:	immer 2M zus. (6M)

Faden ab und durch die 6 M ziehen und vernähen

Blätter und Stielansatz:

In einem Fadenring

1. Runde:	5fM
2. Runde:	5x: 1KM in die nächste fM, 4 LftM. In die 2. LftM rückwärts zum Ring: 1KM, 1fM, 1hStb, mit 1KM enden.

Als Stielansatz 4 LftM und an 2. LftM 3 fM häkeln. In der Mitte des Fadenringes positionieren und mit den Blättern annähen.

Trauben

ca. 6cm ohne Stiel, Farbe:
Lila oder Grün, Dunkelgrün/Braun

In einem Fadenring

1. Runde:	6fM
2. Runde:	6x 2fM in eine (12M)
3. + 4. Runde:	12fM
5. Runde:	6x 2M zus. (6M)

Faden ab, durch die äußeren 6 Maschenglieder fädeln und eng ziehen.

Auf diese Weise insgesamt 7 Traubenbeeren arbeiten. Dann wie folgt anordnen und zusammen nähen:

4 im Quadrat anordnen und fest nähen. 1 in die Mitte des Quadrates auf jeder Seite anbringen und zuletzt 1 Traube an die Spitze zwischen 2 Trauben nähen.

Stängel:

In Grün oder Braun 9 Luftmaschen als Kette anschlagen und dann ab der 2. M wie folgt häkeln: 4 fM, 4 hStb, 2 LftM.

Nun wird zurück gehäkelt und zwar:

Durch das hintere Maschenglied des letzten halben Stäbchens UND den ersten Querfaden der Anschlagsunterkante stechen und 1 KM arbeiten. Die anderen Maschen ebenso mit KM und den Querfäden der Anschlagskante verbinden. (ges. 8x). Dadurch erhält der Traubenstängel eine plastischere Form.

Faden abschneiden und den Stängel mit dem Endfaden zwischen 2 Trauben der Traubendolde annähen.

Walnuss

ca. 3.5cm, Farbe:
Hellbraun

Nusshälfte

5 LftM anschlagen und ab der 2. Luftmasche:

1. Runde:	4fM, 1 LftM häkeln und weiter im Kreis aus den Querfäden der Unterkante 4fM, 1LftM
2. Runde:	4fM, 3fM in die LftM, 4fM, 3fM in die LftM (14M)
3. Runde:	2M, 2x 2M in 1M, 2M, 2M in 1M, 2M, 2x 2M in 1M, 2M, 2M in 1M (20M)
4. Runde:	fM, die 19. + 20. M zus. (19M)

Dies ist die erste Nusshälfte. Nochmals eine Nusshälfte arbeiten, beide Hälften mit der Abnahmestelle der 4. Runde übereinander liegend zusammen nähen. Dafür mit dem Endfaden der 2. Hälfte durch beide Maschenfäden jeder einzelnen Masche stechen und ebenso durch die beiden Maschenfäden der darunterliegenden Nusshälfte. Nach ungefähr der Hälfte Nuss mit Watte stopfen.

Das Fadenende vernähen.

Zitrone

ca. 7cm, Farbe:
Gelb

In einen Fadenring

1. Runde:	4fM
2. Runde:	4fM
3. Runde:	in jede 2. M 2fM (6M)
4. Runde:	in jede 3. M 2fM (8M)
5. Runde:	in jede M 2fM (16M)
6. Runde:	16fM
7. Runde:	in jede 4. M 2fM (20M)
8. Runde:	in jede 4. M 2fM (25M)
9. Runde:	25M
10. Runde:	5x in jede 5. M 2fM (30M)
11. - 15. Runde:	30fM
16. Runde:	jede 5. + 6. M zus. (25M)
17. Runde:	25fM
18. Runde:	jede 4. + 5. M zus. (20M)
19. Runde:	jede 3. + 4. M zus. (15M), Zitrone stopfen – auch die kleine Spitze
20. Runde:	jede 2. + 3. M zus. (10M), evtl. nachstopfen
21. Runde:	5x 2 M zus. (5M)

Faden ab und durch die 5 äußeren Maschenfäden ziehen und vernähen.

Bonbon

Zum Schluss noch etwas Süßes!

ca. 5,5cm mit "Papier", Farben:
Wunschfarben

Der bunte Mittelteil:
Für die äußere Bonbonfarbe eine Luftmaschenkette mit 17 LftM anschlagen.

Ab der 2. Luftmasche wie folgt häkeln:
1. Runde: 16fM, 2LftM,
                      16fM aus der Unterkante,
                      2LftM, 1KM in die 1. fM

Für die Füllung eine Luftmaschenkette mit 13 LftM anschlagen.

Ab der 2. Luftmasche wie folgt häkeln:
1. Runde: 12fM, 2 LftM,
                      12fM aus der Unterkante,
                      2LftM, 1KM in die 1. fM

Zusammensetzen des Mittelteils:

Die kürzere Kette auf die Längere legen und mit einem der Endfäden am kurzen Ende zusammen nähen. Dann beides zusammen eng aufrollen. Darauf achten, dass nichts verrutscht! Jetzt das Ende des äußeren Teils so fest nähen, dass eine geschlossene Rolle entsteht. An diesem Punkt wird nachher ein Seitenteil aufgenäht. Nun fehlen noch die seitlichen Teile für die perfekte Optik.

Seitenteile:

In einen Fadenring

1. Runde: 6fM häkeln
2. Runde: 6x zun. (immer 2 M in eine) (12M)
3. Runde: 12fM, 1KM in die nächste M
                      Dieses Teil 2x anfertigen.

Fertigstellen:

Nun die beiden Seitenteile am Bonbon fest nähen und die Fadenenden vernähen.

Hier findest du Platz für deine Notizen:

Geheimtipp auf der Schwäbischen Alb:

Das Hoflädle vom Schneckodil

Unweit von zahlreichen beliebten Ausflugszielen wie z.B. das Schloss Lichtenstein, die Bären- und Nebelhöhle, Alb-Gold ... direkt am Albaufstieg "Holzelfinger Steige".

Hier findet ihr 100% Handarbeit aus den Bereichen:

–   Patchwork,
–   Nähen,
–   Stricken,
–   Brettchenweben,
–   Nadelbinden,
–   Häkeln....

Weitere Anleitungen zum Nacharbeiten sowie tolle Geschenkideen für kleine & große Individualisten sind direkt im Hofladen und im Online-Shop erhältlich.

Anschrift fürs Navi/den Routenplaner:
Römerstrasse 25, 72805 Lichtenstein/Holzelfingen

Weitere Infos wie z.B. Öffnungszeiten und Produkte findet ihr unter:

www.schneckodil.de

Widmung

in tiefer Verbundenheit zu meiner
Mutter Rose und Großmutter Maria

in Liebe zu meinem Mann Frank
und dem 35. Mai 2008

für meine super tollen Kinder
Saskia, Benedikt, Ariane, Liam und Cosima